Con la colección **Unicornio**, desde Vegueta Ediciones queremos realizar nuestra particular aportación al proyecto universal más apasionante que existe, el de la educación infantil y juvenil. Como una varita mágica, la educación tiene el poder de iluminar sombras y hacer prevalecer la razón, los principios y la solidaridad, impulsando la prosperidad.

Genios de la Ciencia, la serie de biografías de científicos e inventores, pretende aproximar a los niños a aquellos grandes personajes cuyo estudio, disciplina y conocimiento han contribuido al desarrollo y a la calidad de vida de nuestra sociedad.

Textos: Mónica Rodríguez
Ilustraciones: Albert Arrayás
Diseño: Sònia Estévez
Maquetación: Candela Ferrández

© Vegueta Ediciones
Roger de Llúria, 82, principal 1ª
08009 Barcelona
General Bravo, 26
35001 Las Palmas de Gran Canaria
www.veguetaediciones.com

ISBN: 978-84-17137-14-4
Depósito Legal: B 2400-2018
Impreso y encuadernado en España

CEDRO

GENIOS DE LA CIENCIA

NEWTON

EL PODER DE LA GRAVEDAD

TEXTOS MÓNICA RODRÍGUEZ
ILUSTRACIONES ALBERT ARRAYÁS

Vegueta Unicornio

Escucha la historia que voy a contarte. Soy muy viejo. He sobrevivido a tormentas, a vientos feroces, incluso un temporal llegó a derribarme en una ocasión. Pero mis raíces resistieron. Broté de nuevo y sigo dando estas manzanas. Dicen que una de ellas fue la que inspiró a Isaac Newton su gran teoría de la gravitación universal.

Yo conozco su historia. Lo vi nacer en esta misma casa y corretear por este jardín. Lo calmé con mi presencia y le ofrecí mi tronco para que se apoyase, mientras bebía su té de cáscaras de naranjas. Ven, siéntate tú ahora junto a mis raíces y escucha. Esta es la historia del hombre que trató de entender el universo, que buscó la verdad como un niño busca un guijarro en la playa. El hombre que descifró las leyes de la naturaleza, que entendió por fin algo tan fundamental como el poder de la gravedad y que cambió nuestras vidas para siempre.

«No sé lo que le podré parecer al mundo, pero a mí me parece como si hubiese sido un niño que juega en la orilla del mar y se divierte de tanto en tanto encontrando un guijarro más pulido o una concha más hermosa de lo común, mientras que el inmenso océano de la verdad se extiende inexplorado frente a mí.»

5

Apenas se oyó el llanto. Era como un débil maullido, pero todos en el jardín de la casa Woolsthorpe Manor supimos que Hannah había dado a luz antes de tiempo. Era el día de Navidad de 1642 y los abuelos corrían de un lado para otro, nerviosos. No tardamos en ver a dos criadas que se sentaron en los escalones del porche, convencidas de que el niño iba a morir.

Lo llamaron Isaac como su padre, el dueño de la granja, fallecido cuatro meses antes. Hacía frío y se soplaban las manos. Un dolor atravesó mis raíces. Sin embargo, el día de Año Nuevo lo bautizaron en la iglesia de Colsterworth y pronto lo vimos corretear por el jardín. Hannah sonreía y yo notaba mi savia alegre con sus primeros balbuceos. Pero aquella felicidad duró poco. Cuando cumplió tres años, su madre se casó con el reverendo Barnabas Smith y se fue a vivir a North Witham, lejos de él.

Barnabas Smith era 30 años mayor que Hannah y no quería que Isaac viviera con ellos. El pequeño se quedó con los abuelos. Entonces solía refugiarse entre mis ramas.

Ocho años después vimos llegar un carruaje lleno de maletas. De él se bajó Hannah con dos niñas y un niño pequeño. En el equipaje estaban los 200 libros de la biblioteca de Barnabas, que acababa de morir. Yo no sé si Isaac sintió alegría. Su mirada era intensa e impenetrable. En aquellos ocho años de abandono se había vuelto solitario y retraído. Yo le había visto llorar. Le había visto enfurecerse. Odiaba a Barnabas Smith. Su dolor era muy grande.

Aquella nueva etapa también duró poco. Apenas dos años después fue enviado a la escuela de un pueblo cercano. Se alojó en la botica del señor Clark. Todos los árboles del jardín sentimos su marcha.

En la botica, además del señor Clark, vivían su mujer y los hijos del primer matrimonio de ella. A veces, Isaac se peleaba con ellos. En la escuela no congeniaba con sus compañeros. Se sentaba en la última fila por sus malos resultados. Solía encerrarse en la buhardilla donde dormía. Allí, leía o martilleaba objetos que inventaba. Construyó relojes de sol, un molino en miniatura, linternas de papel y cometas con luces que asustaban a la gente del pueblo.

Un día de viento fuerte decidió unirse a la competición de saltos de los otros niños. Aprovechó la ventaja del viento para ganarles. Todos se daban cuenta de que Isaac era demasiado astuto. Él no conseguía caerles bien y eso lo volvía más huraño y solitario. Se aplicó en sus estudios y fue pasando de pupitre en pupitre hasta la primera fila.

Yo sé, porque el viento nos traía sus noticias, que grababa su nombre en la pared de la buhardilla con una navaja y hacía dibujos de pájaros y barcos, de círculos, de triángulos. También escribía sin parar en sus cuadernos. A ratos, levantaba la vista y todo aquel cielo que enrojecía en la pequeña ventana le producía un dolor impreciso. Un gran asombro.

🍎 **Los relojes de sol**

Aunque los relojes de bolsillo se inventaron en el siglo XV, por entonces eran artículos de lujo. Para medir la hora se utilizaban relojes de sol, que señalan las horas del día por medio de la sombra que proyecta una aguja fija sobre una superficie. Newton disfrutaba clavando puntas en las paredes para medir las horas y colocando cuerdas con ruedas para medir las sombras.

«¿De dónde surgen todo este orden y toda la belleza que vemos en el mundo?»

Estaba a punto de cumplir diecisiete años cuando su madre le hizo volver a Woolsthorpe Manor para aprender a dirigir la granja. Se había convertido en un muchacho no muy alto, taciturno y de nariz prominente. Lo veíamos salir del jardín con herramientas o libros escondidos en la casaca. Era habitual que Isaac perdiese sus ovejas por los maizales, entretenido en la lectura o en la construcción de una maqueta.

Un día, incluso, lo vimos llegar con las bridas del caballo sujetas en su mano sin caballo alguno. ¡Lo había perdido por el camino y ni si quiera se había dado cuenta! Su madre se desesperaba y él se enfadaba, reñía y vociferaba:

—¡No estoy hecho para la idiotez de la vida rural!

Su tío, el reverendo William Ayscough, y su profesor, el señor Stokes, convencieron a Hannah para que dejara que Isaac terminara sus estudios en Grantham y pudiera acceder a la universidad. Esta vez los árboles del jardín nos alegramos de su marcha.

Llegó a Cambridge con dieciocho años. Los campos estaban verdes y los edificios de la universidad se erguían majestuosos. Isaac sintió una gran dicha. No había nada que ambicionara más. Pero de nuevo encontró dificultades para congeniar con sus compañeros y se encerró en los libros. El mundo de las matemáticas se abría diáfano en su mente. Tan solo hizo amistad con John Wickins, un joven estudiante tan solitario como él.

Tres años después, Isaac seguía estudiando y rellenaba cuadernos sin descanso. Se olvidaba de comer. Su gato engordaba con lo que él dejaba en su bandeja. Apenas dormía. Se pasaba la noche observando un cometa o escribiendo. Estudiaba la luz con un prisma que había comprado en una feria. Le parecía que, si seguía estudiando, la verdad se le revelaría.

Pero, en el verano de 1665, se vio obligado a abandonar Cambridge por la epidemia de peste que asoló Inglaterra y tuvo que regresar a Woolsthorpe Manor. Su llegada nos admiró a todos. Llevaba una peluca empolvada y un carro lleno de libros. Ya no era un niño triste. Era un joven inmerso en sus estudios, voluble y orgulloso.

La Universidad de Cambridge

Fundada en 1209, es la universidad de habla inglesa más antigua, después de Oxford. Newton ingresó en la universidad como *subsizar*, estudiante pobre que pagaba su estancia con trabajos serviles a otros estudiantes. Los *subsizars* tenían que pagar por asistir a las conferencias y por su comida, mientras que los *sizars*, algo más privilegiados, eran mantenidos por el colegio universitario. Ambos grupos estaban en el punto más bajo de la estructura social de Cambridge.

🍎 La teoría de la gravitación universal

Muchos piensan que fue Newton quien descubrió la gravedad, la fuerza con que la Tierra atrae a los objetos hacia su centro, pero Copérnico y Kepler ya habían especulado sobre ella. Newton fue quien la demostró matemáticamente y probó que era una fuerza universal. Es decir, que existe una fuerza de atracción mutua entre todos los objetos. Por eso, por ejemplo, la Luna gira alrededor de la Tierra.

Durante los meses que estuvo en casa, le vi con frecuencia. Le gustaba pasear mientras pensaba y también sentarse bajo mi sombra con su té de cáscaras de naranjas. Isaac sabía que la verdad solo podía ser sencilla.

Entonces dejé caer una de mis manzanas. Vi cómo entrecerraba los ojos, pensativo, y cómo después subía la cabeza en busca de la Luna, que se imprimía suavemente en el cielo diurno. Ahí nació el germen de lo que fue su mayor logro: la teoría de la gravitación universal. Si la manzana era atraída por la Tierra, ¿no lo sería también la Luna? ¿No se atraerían todos los cuerpos entre sí? Cuando muchos años después le preguntaron cómo había alcanzado a desentrañar aquel misterio, él dijo:

—Pensando, pensando en ello todo el tiempo.

Incluso hoy, casi 400 años después, sigo recordando al testarudo y solitario Isaac cada vez que dejo caer una manzana.

Dos años después regresó a Cambridge y fue elegido miembro del claustro. Se volvió muy cuidadoso con su vestimenta. Redecoró sus habitaciones. A veces venía a Woolsthorpe Manor y le veíamos cada vez más elegante. En Cambridge construyó un telescopio. También comenzó a dedicarse a la alquimia. Mezclaba aguafuerte, aceite perla, plata pura... en busca de los secretos de la materia. Como era muy reservado, no publicaba sus descubrimientos.

Al cabo de un tiempo permitió que su telescopio fuera inspeccionado por la Real Sociedad para el Avance de la Ciencia. Sus miembros se quedaron tan impresionados que Isaac, satisfecho, accedió a enviarles su teoría de la luz y el color.

—La luz que vemos está formada por rayos de distintos colores —aseguraba.

Su teoría se publicó con tanto éxito que fue admitido como miembro de la Real Sociedad. Su nombre empezó a escucharse con admiración entre los intelectuales, lo mismo que antes se escuchaba entre los árboles de este jardín.

La alquimia

La alquimia era una antigua práctica, generalmente de carácter oculto. Pretendía encontrar la piedra filosofal que convirtiese en oro todos los metales. También buscaba el elixir de la vida, es decir, la poción que garantizase la vida eterna. De la rama más empírica de la alquimia nació la química.

Telescopio newtoniano

Hasta entonces los telescopios utilizados eran aparatos grandes y engorrosos. Usando espejos en lugar de lentes, Newton creó un nuevo instrumento más poderoso y diez veces más pequeño, antecesor de los actuales telescopios.

Su teoría también fue objeto de críticas. Eso le desconcertaba y le enfurecía. Volvía en ocasiones a Woolsthorpe Manor y le veíamos pasear por el jardín levantando los brazos y murmurando.

—¡Si he visto más allá es porque he subido a hombros de gigantes!

Unos años más tarde regresó con nosotros para cuidar a su madre, enferma de unas fiebres malignas. Sus cuidados no fueron suficientes. Todos en el jardín nos entristecimos cuando a la semana siguiente salió el féretro en dirección a la iglesia de Colsterworth, donde sería enterrada Hannah. De este modo, Isaac se convirtió en el dueño de la casa, de las tierras y con ellas de nosotros, los árboles del jardín.

Un día de 1684 Isaac estaba en sus habitaciones de Cambridge, con el pelo despeinado y las medias caídas, cuando recibió una visita. Era el filósofo y matemático Edmond Halley, que venía a hacerle una pregunta.

—¿Cómo cree que es la curva que describe un planeta alrededor del Sol?

—Una elipse —contestó inmediatamente Newton.

—¿Cómo lo sabe?

—Porque ya lo he calculado.

Halley, sorprendido, le pidió que le enseñara sus papeles, pero Isaac no pudo encontrarlos. Entonces le prometió que reharía los cálculos y se los enviaría.

Isaac se entregó a este trabajo con su celo habitual. En noviembre le envió las nueve páginas que había escrito. Halley se quedó fascinado, pero Isaac ya no pudo parar. Quería profundizar y escribir una teoría más amplia.

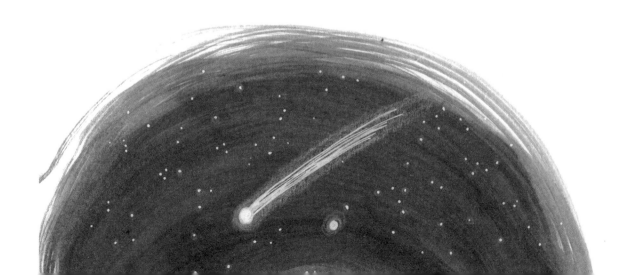

Dos años estuvo Isaac dedicado a su obra más ambiciosa, que tituló *Principia*. De nuevo se olvidaba de comer, se acostaba vestido en la cama y dormía poco. En ocasiones, daba una vuelta por el jardín, se detenía, levantaba los brazos y echaba a correr hacia sus habitaciones, donde escribía de pie, enfebrecido. Durante esos dos años nos hizo dos visitas cortas a Woolsthorpe

Manor. Estaba pálido, con el cabello completamente gris a pesar de sus 42 años. Tenía los ojos como iluminados y dos profundas arrugas en la frente.

El libro de los *Principia* constaba de 550 páginas. Fue publicado en primavera de 1687 y casi al instante Isaac se convirtió en el más renombrado matemático y filósofo de su época.

Principia

En su libro *Philosophiae naturalis principia mathematica* (los *Principia*), Isaac estableció las leyes fundamentales del movimiento. Demostró matemáticamente la gravedad y probó que era una fuerza universal, es decir, que todos los cuerpos se atraen.

Casi una década más tarde, Newton hizo las maletas de nuevo y se alejó de Cambridge para siempre. Había aceptado el puesto de guardián de la Casa de la Moneda, en Londres. Todos los árboles nos preguntábamos por qué había escogido aquel puesto que le alejaba de la ciencia. Tal vez fuera el fracaso en sus estudios de alquimia, o que ya no era capaz de ahondar en las matemáticas como antes. El caso es que en ese oficio encontró una nueva vocación. En muy pocas ocasiones venía a visitarnos. Yo me esmeraba en mostrar mis frutos y mis ramas reverdecidas, pero Isaac ya no era el mismo. Se había convertido en un incansable perseguidor de falsificadores.

Les interrogaba en las celdas de la cárcel de Newgate y conseguía sonsacarles muchas de sus fechorías. Ya no usaba peluca y su rostro era áspero y satisfecho. Poco había de aquel niño que jugaba bajo mis ramas. Discutía enérgicamente con los científicos que criticaban su trabajo. Era soberbio y celoso, pero a veces sus ojos se llenaban de luz y contemplaba el cielo, como había hecho de niño. Allí, frente a él, se extendía el universo, recordándole su pequeñez. El gran asombro que siempre había sentido.

Supimos que se había hecho rico. Los viejos chopos negros del Támesis se lo dijeron al viento. En Londres, Isaac tenía su propio carruaje y seis sirvientes. Decoraba sus habitaciones con cortinas y tapices rojos. ¡Hasta su cama era de pelo de camello rojo! El viento nos contaba de sus modos autoritarios en la Real Sociedad, de la que había sido nombrado presidente.

Pero también era caritativo y generoso, y eso nos alegraba. Fue a vivir con él su sobrina Catherine Barton, hija de su hermanastra fallecida. Tenía tan solo dieciséis años. Nosotros la habíamos visto crecer en el jardín y sabíamos que sería una buena compañía para él.

Poco a poco, Isaac se fue consagrando a los estudios religiosos. En casa volvía a ser taciturno y reflexivo. La última vez que lo vimos se había convertido en un anciano de ojos vivos y andar enérgico. Un mal día supimos que había enfermado del riñón.

Dos años después nos llegaron noticias de que su enfermedad se había agravado. Le caían gotas de sudor y hasta la cama se doblaba con sus dolores. Una mañana de marzo se sintió mejor, se sentó a leer el periódico y vio la luz del mediodía descender por la ventana. Esa misma tarde su salud volvió a empeorar y murió al amanecer.

En Woolsthorpe Manor lo supimos de inmediato. Yo sentí que algo dentro de mí se resquebrajaba. Todas mis flores se marchitaron de golpe. Aquel otoño no di manzanas. Me consolaba pensando que con su vida, pese a su carácter arisco y retraído, había logrado iluminar el camino al ser humano como pocos personajes de la historia.

Isaac Newton fue enterrado en la abadía de Westminster y yo seguí presidiendo este jardín en Woolsthorpe Manor, contando esta historia. La historia del hombre que descifró las leyes del universo. Como un niño sentado a los pies del océano de la verdad.

La abadía de Westminster

La abadía de Westminster es una iglesia gótica anglicana ubicada en Londres. Ha sido la iglesia de las coronaciones y entierros de los monarcas ingleses. También es lugar de sepultura de muchas figuras históricas. En ella están enterrados, por ejemplo, el escritor Charles Dickens o el naturalista Charles Darwin.

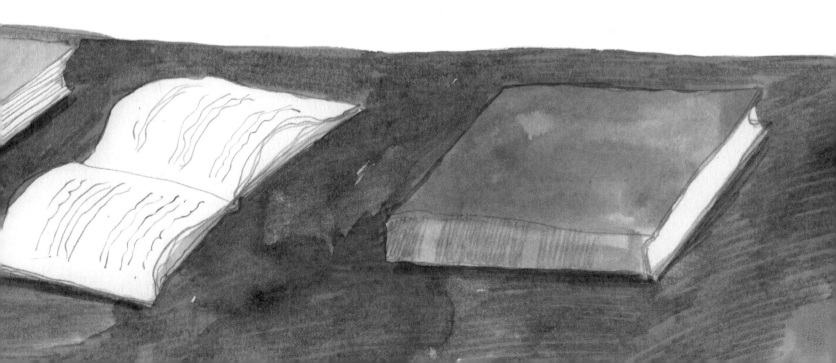

LAS LEYES DEL MOVIMIENTO DE NEWTON

Primera ley de Newton

Todo objeto permanecerá en reposo o con un movimiento rectilíneo uniforme a no ser que una fuerza actúe sobre él.

Si no actúa una fuerza sobre un objeto, este no se moverá, y si ya estaba en movimiento, se mantendrá en ese movimiento rectilíneo sin acelerarse o frenarse.

Por ejemplo, una roca permanecerá quieta si no se ejerce sobre ella una fuerza que la mueva.

Segunda ley de Newton

La aceleración de un objeto será mayor cuanto mayor sea la fuerza que apliquemos sobre él. A igual fuerza, la aceleración será menor cuanto mayor sea la masa.

Si aplicamos una fuerza a un objeto en reposo, este se mueve. Es decir, se acelera. Cuanto mayor sea la fuerza, más se acelerará. Además, será más fácil mover un objeto de menor masa que de mayor masa.

Por ejemplo, si damos una patada a una piedra, esta se desplazará más lejos cuanto más fuerte la pateemos. Y si damos una patada con la misma fuerza, la piedra llegará más lejos cuanto más pequeña sea.

Tercera ley de Newton

Si un objeto ejerce una fuerza sobre otro, el segundo objeto ejerce al mismo tiempo una fuerza igual, en sentido opuesto, sobre el primero. Se conoce por Ley de acción y reacción: «A cada acción siempre se le opone una reacción igual y opuesta.»

Si lanzamos una pelota contra una pared, esta rebota hacia atrás. Cuanto más fuerte la lanzamos, más lejos rebota. Al golpear la pared, la pelota está experimentando una fuerza igual de sentido contrario a su trayectoria, por eso rebota.

¿QUÉ ES LA GRAVEDAD?

La fuerza que la Tierra ejerce sobre todos los cuerpos hacia su centro.

Si sueltas un objeto desde una ventana, este cae al suelo. ¿Por qué? Porque es atraído hacia la Tierra por la fuerza de la gravedad. Una pluma cae más despacio que una moneda. Esto ocurre por la resistencia del aire. Si no existiera la resistencia del aire, todos los cuerpos caerían con la misma velocidad.

¿QUÉ ES LA LEY DE GRAVITACIÓN UNIVERSAL?

Todos los objetos se atraen unos a otros. La atracción es mayor cuanto mayor sean las masas de los objetos y disminuye con la distancia.

Explica, por ejemplo, que las mareas se vean afectadas por la Luna y el Sol. Hay una atracción entre el mar y la Luna y el mar y el Sol.

En honor a Isaac Newton, se llamó **newton** a la unidad de medida de la fuerza. Se define como la fuerza que, aplicada durante un segundo a una masa de un kilogramo, incrementa su velocidad en un metro por segundo.

EL PROTAGONISTA

Isaac Newton nació en Woolsthorpe, Lincolnshire, el 25 de diciembre de 1642. Estudió en el King's School, en Grantham. A los dieciocho años, sorteando su futuro de granjero, ingresó en la Universidad de Cambridge. Su formación fue principalmente autodidacta. Leyó algunos de los libros más importantes de matemática y filosofía natural de la época.

En 1665, a causa de la peste que asoló Inglaterra, pasó unos meses en su casa de Woolsthorpe y se dedicó por completo al estudio. Allí desarrolló la mayor parte de sus teorías, que no verían la luz hasta más adelante. Sus descubrimientos en el campo del cálculo, la física y la óptica son trascendentales.

En 1668 diseñó el primer telescopio reflector. Al año siguiente accedió a la cátedra en la Universidad de Cambridge. En 1672 publicó su teoría sobre la luz y los colores y fue nombrado miembro de la Real Sociedad para el Avance de la Ciencia, que presidió desde 1703 hasta su muerte.

OTROS HITOS Y GENIOS DE LA HISTORIA

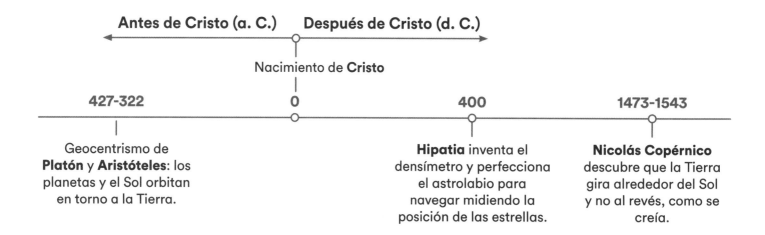

Antes de Cristo (a. C.) **Después de Cristo (d. C.)**

Nacimiento de **Cristo**

427-322 **0** **400** **1473-1543**

Geocentrismo de **Platón** y **Aristóteles**: los planetas y el Sol orbitan en torno a la Tierra.

Hipatia inventa el densímetro y perfecciona el astrolabio para navegar midiendo la posición de las estrellas.

Nicolás Copérnico descubre que la Tierra gira alrededor del Sol y no al revés, como se creía.

En 1687, Newton publicó su libro más importante: *Principios matemáticos de filosofía natural*, los llamados *Principia*, que contienen los fundamentos de la ciencia moderna: las tres leyes del movimiento y la ley de gravitación universal.

En 1696, después de haber sido profesor durante casi 30 años, aceptó el puesto de guardián de la Casa de la Moneda, en Londres.

Sus enfrentamientos con colegas científicos fueron recurrentes a lo largo de su vida. Newton coincidió con Leibniz en el descubrimiento del cálculo integral, que renovó las matemáticas, y le disputó la autoría hasta la muerte de este.

En 1705, fue nombrado caballero por la reina de Inglaterra. Durante los últimos años de su vida se consagró a sus estudios religiosos. Una larga y dolorosa enfermedad renal acabó con su vida a los 84 años, el 20 de marzo de 1727.

1564-1642	**1571-1630**	**1687**	**1974**
Galileo Galilei establece las leyes de la caída de los cuerpos y perfecciona el telescopio.	**Johannes Kepler** descubre las leyes del movimiento de los planetas y las bases de la mecánica celeste.	En sus *Principia*, **Newton** establece las tres leyes del movimiento y la ley de la gravitación universal.	**Stephen Hawking** demuestra que los agujeros negros emiten radiación y, por tanto, no son del todo «negros».